MUST READ   ANALIZA KSIĄŻKI

AF131729

Wyznania maski

• • • • • • • • • • • • • • • •

YUKIO MISHIMA

ANALIZA KSIĄŻKI

Napisany przez Natalia Torres Behar
Przetłumaczony przez Kâmil Kowalski

Wyznania maski

YUKIO MISHIMA

YUKIO MISHIMA

JAPOŃSKI POWIEŚCIOPISARZ, POETA I DRAMATURG

- **Urodził się w Tokio w 1925 roku.**

- **Zmarł w Tokio w 1970 roku.**

- **Nagrody literackie:**

  - Nagroda Shincho, 1954 (za *Dźwięk fal*)

  - Nagroda Yomiuri za najlepszą powieść, 1956 (za *Świątynię Złotego Pawilonu*)

- **Godne uwagi prace:**

  - *Świątynia złotego pawilonu* (1956), powieść

  - *The Sailor Who Fell from Grace with the Sea* (1963), powieść

  - *Morze płodności* (1969-1971), tetralogia

Yukio Mishima to pseudonim Kimitake Hiraoka, który był jednym z najważniejszych japońskich pisarzy XX wieku. Jego twórczość była bardzo zróżnicowana – od sztuk teatralnych w klasycznym japońskim stylu Noh i powieści romansowych po fikcję literacką i scenariusze filmowe. Co więcej, jego kariera nie ograniczała się do pisania: był także aktorem, modelem, praktykiem karate i kendo, kompozytorem, dyrygentem, działaczem politycznym i założycielem prywatnej milicji.

Najważniejszą postacią w dzieciństwie Mishimy była jego babcia Natsuko, która oddzieliła go od najbliższej rodziny na kilka lat we wczesnym dzieciństwie i wychowywała go w niemal całkowitej izolacji, pozostawiając go samego, by godzinami bawił się lalkami. Natsuko miała obsesję na punkcie śmierci i swoich powiązań z arystokracją, a obie te cechy miały wyraźny wpływ na osobowość przyszłego pisarza. Kiedy Mishima miał 12 lat, został oddany pod opiekę rodziców. Przez resztę czasu jego wychowanie było zdominowane przez ojca, urzędnika państwowego z obsesją na punkcie dyscypliny i patriotyzmu, co znalazło również odzwierciedlenie w jego twórczości literackiej. Kryzys, w jakim pogrążyła się Japonia po II wojnie światowej, również dostarczył wielu inspiracji dla pisarstwa Mishimy, który często bada ścisłe związki między ciałem i umysłem oraz życiem człowieka i jego dziełami.

Mishima przez całe życie odwiedzał bary dla gejów, ale utrzymywał swój pociąg do mężczyzn w tajemnicy ze względu na nietolerancyjne postawy epoki, w której żył. W 1958 roku ożenił się z Yoko Sugiyama i mieli razem dwoje dzieci.

W 1968 r. Mishima założył Tatenokai ("Towarzystwo Tarczy"), małą prywatną milicję, której był dowódcą i która została zaprzysiężona do ochrony cesarza (lub, mówiąc dokładniej, postaci cesarza). 25 listopada 1970 roku Mishima i czterech innych członków Tatenokai weszło do biura wysokiego rangą dowódcy armii japońskiej, przywiązało go do krzesła i wygłosiło przemówienie do żołnierzy zgromadzonych pod balkonem biura, wzywając ich do przejęcia władzy i przywrócenia cesarza do władzy. Jego przemówienie spotkało się jednak z szyderstwami, więc wrócił do biura dowódcy i z pomocą innych członków bojówki popełnił *seppuku* (rytualne samobójstwo).

WYZNANIA MASKI

EKSPLORACJA WEWNĘTRZNYCH ZAWIROWAŃ

- **Gatunek:** powieść/autobiografia

- **Wydanie referencyjne:** Mishima, Y. (2007) *Wyznania maski*. Tłum. Weatherby, M. London: Peter Owen.

- **Pierwsze wydanie:** 1949

- **Tematy:** obrazowość, piękno, dzieciństwo, pamięć, śmierć, seksualność

Wyznania maski były pierwszym sukcesem literackim Mishimy. Ta mroczna powieść przybiera formę biografii (a właściwie autobiografii, o czym powiemy w dalszej części poradnika) młodego chłopaka, który ma obsesję na punkcie śmierci i seksu.

W trakcie powieści chłopiec odkrywa swój homoseksualizm poprzez serię dziwnych, intensywnych spotkań, które charakteryzują się snami, krwawymi, a jednocześnie pogodnymi obrazami ze sztuki klasycznej oraz zgiełkiem otaczającego go miasta. Jest jednak zmuszony ukrywać swoje impulsy za maską normalności i społecznie akceptowalnego zachowania.

PODSUMOWANIE

CHOROBLIWE DZIECIŃSTWO

To nie jest powieść, która rozpieszcza czytelnika. Już od zdania wstępnego zostajemy dotkliwie uświadomieni, że choć Kochan, główny bohater, jest chorowitym, młodym chłopcem, to ma dojrzały umysł dorosłego człowieka: "Przez wiele lat twierdziłem, że pamiętam rzeczy widziane w czasie moich własnych narodzin" (s. 1).

Kochan zostaje rozdzielony z rodzicami w bardzo młodym wieku, ponieważ jego babcia uważa, że to ona powinna go wychowywać. Trzyma chorego, ale ciekawskiego chłopca pod kluczem w małym pokoju, gdzie może bawić się lalkami z kuzynkami. Nie mając innych możliwości, spędza czas na czytaniu i obserwowaniu otaczającego go świata. Podczas tej obserwacji jedno zdjęcie robi na nim szczególnie silne wrażenie, choć nie wie dlaczego: umięśniony młodzieniec idący ulicą, niosący na jarzmie kubły z odchodami. Szczególnie fascynuje go obraz jego poplamionych niebieskich dżinsów i chciałby zająć jego miejsce i pracować jako nocny glebogryzacz.

Nie jest to jedyne doświadczenie, które zaprząta wyobraźnię Kochana: fascynuje go także ilustracja średniowiecznego rycerza, która okazuje się być ilustracją Joanny d'Arc, zapach potu, który unosi się wokół oddziału wojskowego, często śni o zabijaniu lub byciu zabijanym, co rodzi w nim coraz silniejsze pragnienie realnego przeżycia momentu śmierci.

Te doświadczenia okazują się formatywne dla młodego bohatera.

STRZAŁA ŚW. SEBASTIANA

Wraz z wiekiem Kochana, śmierć staje się centralną obsesją jego życia. Jednak, jak zbadamy dokładniej w dalszej części tego przewodnika, śmierć kojarzy mu się nie tylko z przemocą i rozkładem, ale także z erotyzmem i seksualnością. W jednej z najbardziej pamiętnych scen powieści (która rozgrywa się po ukończeniu przez Kochana 12 lat, opuszczeniu opieki babci i zapisaniu się do szkoły), Kochan przegląda jedną z książek ojca, zawierającą fotografie włoskich rzeźb i sztuki, i odkrywa jeden obraz, który go całkowicie zachwyca: *Święty Sebastian* autorstwa Guido Reni.

Kochan jest głęboko dotknięty tym obrazem i po raz pierwszy w powieści jego homoseksualizm staje się oczywisty, zamiast być jedynie aluzją do ukrytego nurtu biegnącego przez jego dziecięce myśli: "Tego dnia, gdy tylko spojrzałem na ten obraz, cała moja istota zadrżała z jakiejś pogańskiej radości. Krew mi się burzy, lędźwie pęcznieją jak w gniewie" (s. 40). W poprzednich przypadkach, gdy jakiś obraz lub zapach zawładnął wyobraźnią Kochana, wynikający z niego impuls lub pragnienie pozostawały zawsze bezimienne i wydawały mu się niemal irracjonalne. Kiedy jednak widzi obraz *św. Sebastiana,* po raz pierwszy jest w stanie zidentyfikować pragnienie, które ten obraz w nim wzbudza. W rzeczywistości to pragnienie jest tak silne, że głos zza maski pisze poemat prozą opisujący obraz i jego pożądanie, a obraz inspiruje go do masturbacji i pierwszej ejakulacji.

UMYSŁ I CIAŁO

Jako nastolatek, Kochan zakochuje się w chłopcu o imieniu Omi ze swojej szkoły. Kochan nie jest w stanie stłumić swoich myśli, uczuć i namiętności, wręcz przeciwnie, stają się one wszechogarniające i wkrótce zaczyna mieć obsesję na punkcie różnych części ciała Omi. Jednak te obsesje nie muszą mieć charakteru seksualnego: na przykład fascynuje go pacha Omi.

Omi nie jest tak uzdolniony umysłowo jak Kochan, ale jest silny i bardzo męski. Każdy kontakt z nim, nieważne jak przelotny, przyprawia Kochana o dreszcze. Na przykład wymyśla strategie do wykorzystania podczas gry w "Dirty" z innymi chłopcami w szkole, której celem jest podkradanie się do przeciwnika i chwytanie jego genitaliów. Po tym następuje epizod, który ma miejsce w mroźne zimowe popołudnie, podczas którego Omi dotyka policzków Kochana rękami, które zostały schłodzone przez śnieg. Od tego momentu Kochan jest pewien, że jest zakochany w Omi.

Kochan cierpi na anemię i zaczyna mieć gorączkowe sny. W jednym z nich wyobraża sobie siebie jako szefa obozu gladiatorów, gdzie gladiatorzy zabijają się dla jego rozrywki, a ich pozbawione życia ciała są centralnym punktem wielu makabrycznych ceremonii. W innym śnie wyobraża sobie elegancki bankiet, na którym goście mają ucztować na zwłokach jednego z jego kolegów z klasy. Kochan całuje usta trupa i każe go ustawić twarzą do góry, tak by widać było jego nagą klatkę piersiową.

IDĄC POD PRĄD

Kochan jest teraz na uniwersytecie i wciąż jest rozdarty pomiędzy akceptacją i walką zarówno ze swoimi sadystycznymi skłonnościami, jak i homoseksualizmem. Uwodzi nawet kobietę o imieniu Sonoko i próbuje się w niej zakochać, a początkowo łatwo mu ukryć swoje prawdziwe uczucia; przekonuje nawet samego siebie, że stał się heteroseksualny. Jednak kiedy po raz pierwszy się całują, staje się jasne, że jego obsesje są tak silne jak zawsze. Rozstają się po II wojnie światowej, podczas której Kochan zostaje wysłany do pracy w administracji w fabryce samolotów, gdzie nie może uciec od własnych myśli. Pewnej nocy odwiedza dom publiczny, aby sprawdzić, czy jest w stanie odczuwać pożądanie do kobiety, bezskutecznie, a wiele lat później spotyka się po raz ostatni z zamężną Sonoko.

STUDIUM POSTACI

Analizując bohaterów *"Wyznań maski"*, należy wziąć pod uwagę, że – jak sugeruje tytuł powieści – książka skupia się na jednej postaci, która jest jednocześnie soczewką, przez którą postrzegamy wszystkich pozostałych bohaterów. Jednak ta centralna postać ma dwie osobowości: tytułową "maskę", którą zakłada, aby dopasować się do społeczeństwa, oraz swoją wrodzoną naturę, która jest ukryta i znacznie mniej jasno określona.

KOCHAN

Istnieje wiele podobieństw między Kochanem a Mishimą; w rzeczywistości jest bardzo prawdopodobne, że postać Kochana jest rodzajem alter ego autora. Jest on kimś więcej niż tylko głównym bohaterem powieści: jest jedyną postacią w tej historii, która ma znaczenie, ponieważ jego bezgraniczne ego analizuje nawet najbardziej nieistotne wydarzenia w mikroskopijnych szczegółach, aby następnie przefiltrować je przez soczewkę perwersji. Widziane obsesyjnymi, sadystycznymi oczami Kochana, inne postacie wydają się bardziej marionetkami tańczącymi na sznurkach niż trójwymiarowymi jednostkami, a Kochan często dostarcza czytelnikowi surowych, drobiazgowych interpretacji tego, co mogłyby reprezentować.

Kochan, oprócz tego, że jest soczewką, przez którą czytelnik patrzy na innych bohaterów, odgrywa podwójną rolę – maski i osoby, która się za nią kryje, i rozwija intensywne obsesje na punkcie piękna, siły i śmierci, które z wiekiem coraz bardziej definiuje i wyraża za pomocą języka. Obsesje te pozostają jednak w ciągłym konflikcie z jego pragnieniem bycia akceptowanym przez społeczeństwo. W rezultacie, mimo że jego myśli i styl pisania są pełne ekstrawaganckich ozdobników, dla reszty świata przedstawia się jako osoba niezwykle nieśmiała i introspektywna, rzadko rozmawiająca z kimkolwiek innym. Podobnie jego ciało jest niczym więcej niż słabą, zgarbioną maską, pod którą kryje się potężny, ale ukryty głos, który nieustannie analizuje i krytykuje otaczający go świat. W rzeczywistości Kochana łatwiej porównać do krytyka sztuki lub krytyka literackiego, którego pisarstwo i myśli są inspirowane przez obrazy i ludzi wokół nich, niż do pisarza, którego inspiracja pochodzi z wnętrza.

BABCIA KOCHANA

Babce Kochana nigdy nie zostaje nadane imię. Jest to dziwna postać, która pojawia się głównie na pierwszych stronach powieści i jest niezwykle dumna z powodu swojego szlachetnego rodu. Natomiast jego dziadek pochodzi ze skromniejszych kręgów i dorobił się majątku dzięki ryzykownym transakcjom biznesowym. Babcia Kochana wychowuje go do 12 roku życia, w tym czasie trzyma go w odosobnieniu, nie dając mu nic do rozrywki poza lalkami i damskimi ubraniami, w które się przebiera. Jest to postać pełna sprzeczności, gdyż jest autorytarna i surowa, ale także rozpieszczona i ekstrawagancka, a jej opieka okazuje się mieć ogromny wpływ na kształtowanie osobowości Kochana.

OMI

Postać Omi ostro kontrastuje z Kochanem: podczas gdy osobowość Kochana jest złożona, wielowymiarowa i częściowo ukryta za maską bezużytecznego ciała, pozostałe postacie wydają się raczej zwykłymi ciałami bez nawet najsłabszej iskry życia kryjącej się za maskami, które noszą. Chociaż Kochan nie odgrywa dokładnie roli marionetkarza, który sprawia, że te puste skorupy tańczą do jego melodii, to jednak spędza czas na ich ciągłym ocenianiu, a Omi w szczególności wydaje się niemalże ciałem bez duszy. Chociaż nie jest inteligentny, jest bardzo męski i ma stonowaną sylwetkę, jak ten człowiek z nocnej gleby, którego Kochan widział w dzieciństwie. Omi jest jednak również przesiąknięty rodzajem chłopięcej niewinności: podczas gdy on bawi się z kolegami w sprawdzanie, kto najlepiej chwyta ich jądra (Omi zawsze wygrywa), Kochan po prostu obserwuje i analizuje. W tej sytuacji Omi jest obiektem pożądania: nie odzywa się, a jego myśli nigdy nie są czytelnikowi znane. Jest po prostu przewodnikiem, przez który Kochan może wyrazić swoje pragnienia – w rzeczywistości jego rola w powieści polega po prostu na tym, że działa jako namacalny odpowiednik nieożywionych obrazów, które wcześniej budziły pragnienia Kochana, aby mógł on rzutować te tęsknoty na inną żywą, oddychającą osobę.

SONOKO

Chociaż Kochan stwierdza, że ostatecznie nie jest w stanie zakochać się w Sonoko ani poczuć do niej pożądania, to jednak odgrywa ona istotną rolę w tej historii, ponieważ działa jako katalizator, dzięki któremu uświadamia sobie, że nie może uciec ani stłumić swojej osobowości i myśli. Mimo to, początkowo próbuje przekonać samego siebie, że jest zakochany w Sonoko, a jego związek z nią wydaje się nawet zmieniać jego światopogląd w pewnym momencie:

> "W całym moim życiu nigdy wcześniej moje serce nie było tak poruszone widokiem piękna w kobiecie. Moja pierś pulsowała; czułem się oczyszczony. Czytelnik, który podążył za mną tak daleko, prawdopodobnie nie uwierzy w nic, co mówię. Będzie wątpił, ponieważ będzie się wydawało, że nie ma żadnej różnicy między moją sztuczną i nieodwzajemnioną miłością do siostry Nukady a pulsowaniem piersi, o którym teraz mówię, ponieważ będzie się wydawało, że nie ma żadnego widocznego powodu, dla którego tylko przy tej okazji nie powinienem był poddać moich emocji tej bezlitosnej analizie, której użyłem w pierwszym przypadku." (p. 142)

Sonoko działa jako punkt zwrotny i potwierdzenie dla Kochana, ale reprezentuje również inny aspekt piękna: chociaż jest piękna, podobnie jak Omi i obraz *św. Sebastiana*, Kochan nie czuje do niej pociągu. W tamtych przypadkach jego pociąg i późniejsze obsesje zdawały się być kierowane rodzajem chorobliwego impulsu, podczas gdy w tym przypadku procesy myślowe Kochana nie prowadzą go do perwersji czy seksualizacji jej piękna, pozostawiając je czystym.

ANALIZA

FORMA

Powieść czy autobiografia?

Pod względem gatunkowym najważniejszą kwestią, którą należy poruszyć, analizując *Wyznania maski,* jest pytanie, czy stanowi ona powieść fikcyjną czy autobiografię. Powieść z pewnością zawiera elementy autobiograficzne zaczerpnięte z własnego życia Mishimy, takie jak wczesne dzieciństwo spędzone z babcią i jego sekretny homoseksualizm, ale samo liczenie przecięć między fikcją a prawdziwym życiem jest ostatecznie daremnym ćwiczeniem. Zamiast tego, w tej części skupimy się na sposobach konstruowania tego gatunku.

Wyznania Maski są napisane w pierwszej osobie, co jest znaczącym wyborem ze strony autora, ponieważ pozwala czytelnikowi znacznie głębiej wniknąć w osobowość i światopogląd bohatera, a także pozwala bohaterowi wyraźnie mówić o swoim życiu i rzeczach, które zrobił. Przywodzić może to na myśl *Wyznania* św. Augustyna (354-430), które są duchową autobiografią, w której święty opisuje swoje dawne grzeszne życie i to, jak poznał Boga.

Intencja Mishimy przy pisaniu *Wyznań maski* może wydawać się podobna: opisać punkt zwrotny w życiu jednostki, który daje jej możliwość przekształcenia się z jednej rzeczy w drugą. Jednak to porównanie nie jest do końca trafne, bo choć *Wyznania maski* pod pewnymi względami stanowią echo *Wyznań* świętego Augustyna, to proces jest odwrócony. Zamiast podążać za jasno określoną trzyczęściową strukturą, na którą składa się grzeszne życie, przemiana i zreformowane zachowanie, bohater Mishimy po prostu rozwija coraz więcej obsesji i odrzuca możliwość przemiany (a właściwie dochodzi do wniosku, że przemiana jest niemożliwa). Choć przemiana w sposobie myślenia Kochana w momencie poznania Sonoko każe czytelnikowi sądzić, że zmieni się on i zakocha w kobiecie, ta pozorna zmiana nie trwa długo.

Innymi słowy, przemiana nigdy nie jest dla bohatera tej powieści sprawą stałą. Choć użycie w tytule słowa "wyznania" można by interpretować jako znak, że Kochan przejdzie przemianę (bo wyznania kojarzą się zwykle z zamiarem zmiany), to tak naprawdę nigdy do niej nie dochodzi. W przeciwieństwie do św. Augustyna, można by ją podsumować w następujący sposób: główny bohater ma obsesję na punkcie piękna, seksu i śmierci; jego normalne życie zostaje zaburzone, gdy spotyka kobietę; wyrzuca kobietę ze swojego umysłu i wraca do obsesji na punkcie piękna, seksu i śmierci.

Powieść jest też dość awangardowa, choć na pierwszy rzut oka może się taka nie wydawać. Pod wieloma względami jest produktem swoich czasów: nie trzyma się zasad logicznego rozumowania, ponieważ została napisana w czasie, gdy ludzie na całym świecie nie byli już pewni własnej tożsamości ze względu na zawirowania wywołane przez II wojnę światową, zwiększone wyzwolenie seksualne, pojawienie się dziedziny psychoanalizy i nowe sposoby postrzegania świata.

Krótko mówiąc, *Wyznania Maski* nie są spowiedzią w konwencjonalnym tego słowa znaczeniu, a historia w nich opowiedziana nie podąża nawet za tradycyjną strukturą narracyjną początku, środka i końca. Zamiast tego powieść eksploruje wiele różnych linii myślowych w ramach określonej perspektywy. W istocie jest to nie tyle opowieść, co raczej eksploracja psychiki głównego bohatera, która wykorzystuje język jako środek do zgłębienia głębi ludzkiej duszy i wydobycia na światło dzienne wszystkich czających się tam osobliwości.

Głos z maski

Jak już wspomnieliśmy, w *Wyznaniach maski* pojawia się bardzo szczególny głos narracyjny, który obserwuje świat i rozmyśla nad nim. W tej części spróbujemy zdefiniować ten głos, analizując trzy aspekty powieści i jej użycia języka: po pierwsze, motyw pamięci; po drugie, obrazowanie; po trzecie, styl pisania.

Po pierwsze, interesujące jest to, że Kochan opowiada historię swojego życia w teraźniejszości, chociaż nigdy nie jesteśmy poinformowani, kiedy dokładnie to jest, ponieważ Kochan nigdy nie wspomina o żadnym aspekcie swojego obecnego życia. Ponieważ cała powieść jest napisana w formie wspomnień o wydarzeniach z przeszłości, które ukształtowały bohatera na osobę, którą jest dzisiaj, możemy powiedzieć, że głos narracyjny powieści jest przede wszystkim zdefiniowany przez jego oparcie na pamięci.

Po drugie, wspomnieniom tym zawsze towarzyszą obrazy, takie jak ilustracja w książce czy fotografia, które kształtują i ugruntowują pamięć. Niemal wszystkie wspomnienia Kochana z dzieciństwa związane są z jakimś rodzajem sztuki, zwykle w formie kopii lub repliki, co oznacza, że głos narracyjny powieści może być zatem dokładniej określony przez powtarzające się użycie przedmiotów powielonych w obrazie; obraz ten staje się wówczas utrwalony w pamięci narratora i nasycony znaczeniem.

Wreszcie, ta gra między obrazem a pamięcią jest również ściśle związana z aktem pisania; na przykład, wkrótce po tym, jak Kochan zobaczył obraz *św. Sebastiana,* pisze kilkustronicowy poemat prozą, aby przedstawić swoje myśli na temat obrazu i obsesji na jego punkcie. Innymi słowy, proces narracyjny powieści możemy określić w następujący sposób: przedmioty są odwzorowywane w obrazach, które następnie są zapamiętywane przez narratora, dając początek procesowi myślowemu, który prowadzi do aktu pisania i tym samym definiuje głos narracyjny używany przez "maskę". W ten sposób Kochan może podzielić się z czytelnikiem swoim wewnętrznym światem w formie traktatu o śmierci, pięknie i erotyce, napisanego w stylu krytyki literackiej.

TEMATY

Wyobraźnia i piękno

Jak już wspomnieliśmy, obrazowanie jest głównym źródłem myśli, które napędzają głos narracyjny. Ogólnie rzecz biorąc, styl pisania Mishimy jest bardzo wizualny: na przykład jego ostatnia powieść *Rozkład anioła* (1971) otwiera się pięknym opisem słońca wschodzącego nad portem, poświęcając wiele stron obrazowi migotania światła słonecznego odbitego od fal i pozwalając czytelnikowi zanurzyć się w opisywanej scenie tak bardzo, że niemal czuje morską bryzę na policzku.

W *Wyznaniach maski* obrazy są przedstawione jako ostateczne źródło piękna. Jednak, jak już na wstępie wyjaśnia epigramat powieści, zaczerpnięty z *Braci Karamazow* (1880) Fiodora Dostojewskiego (pisarz rosyjski, 1821-1881), piękno nie jest z natury moralne i może być zarówno dobre, jak i złe. Innymi słowy, piękno można znaleźć w czymś tak czystym jak uśmiech noworodka lub w czymś tak destrukcyjnym jak spirale dymu unoszące się z miejsca śmiertelnej eksplozji. Ta idea jest wielokrotnie eksplorowana w powieści, np. kiedy Kochan potrafi odnaleźć piękno w śmierci jednego z kolegów z klasy i w plamach ekskrementów.

W rzeczywistości powieść często łączy ideę piękna ze zjawiskami, przedmiotami i istotami, które ulegają rozkładowi. Mishima rozwija tę ideę w *Świątyni Złotego Pawilonu* (1956), powieści o mnichu, który ma taką obsesję na punkcie pięknej świątyni, że postanawia ją spalić, aby nie prześladował go już jej widok. W pisarstwie Mishimy piękno prowadzi do obsesji i dlatego musi zostać zniszczone.

W *Wyznaniach maski* piękne obrazy są stale obecne, ale są to zazwyczaj kopie lub repliki, takie jak zdjęcia rzeźb lub ilustracje w książce. Tak jakby Kochan nie mógł doświadczyć piękna z pierwszej ręki, poprzez bezpośredni kontakt z jego źródłem, a zamiast tego musiał zadowolić się jedynie jego echem.

Dzieciństwo i pamięć

Dzieciństwo i pamięć są wyraźnie przedstawione jako dwa z centralnych punktów powieści. Cała historia opowiedziana jest z perspektywy pamięci, a kluczowe elementy osobowości Kochana są pokazane jako zakorzenione w nim w dzieciństwie.

Te dwa aspekty powieści są ze sobą ściśle powiązane, gdyż dzieciństwo jest często źródłem naszych najcenniejszych wspomnień. Co więcej, choć cała powieść jest doskonale skonstruowana, epizody rozgrywające się w dzieciństwie Kochana są szczególnie fascynujące i pozwalają czytelnikowi w niezwykły sposób poznać doświadczenia, które dały początek dzisiejszym obsesjom, idiosynkrazjom, mrocznym myślom, seksualnym impulsom i witalności narratora.

Podobnie wspomnienia z dzieciństwa Kochana są przedstawione w sposób rozproszony, chaotyczny, co stanowi echo tego, że nie był on w stanie zrozumieć ani wyartykułować pączkujących pragnień i impulsów seksualnych, których doświadczał w tamtych latach:

> "Spojrzenie, jakim obdarzyłem młodzieńca, było niezwykle bliskie jak na czteroletnie dziecko. Choć wtedy nie dostrzegałem tego wyraźnie, dla mnie reprezentował on moje pierwsze objawienie pewnej mocy, moje pierwsze wezwanie przez pewien dziwny i tajemniczy głos. Znamienne jest, że po raz pierwszy objawiło mi się to w postaci człowieka z nocnej gleby: ekskrementy są symbolem ziemi i bez wątpienia była to złośliwa miłość Matki Ziemi, która mnie wzywała." (p. 8)

Ponieważ Kochan jest jeszcze zbyt młody, by mieć jakiekolwiek pojęcie o seksie, nieświadomie wybiera fiksację na spodniach mężczyzny zamiast na bardziej jawnym seksualnym aspekcie jego wyglądu, i ogólnie rzecz biorąc, przyciąga się do przedmiotów, które działają jako symbole falliczne:

> "Pamiętam wyraźnie, że moje pożądanie miało dwa punkty centralne. Pierwszym były jego ciemnoniebieskie "ściągacze ud" […] Ściśle przylegające dżinsy wyraźnie zarysowywały dolną połowę jego ciała, które poruszało się lekko i zdawało się iść wprost na mnie. Zrodziło się we mnie niewymowne uwielbienie dla tych spodni. Nie rozumiałam dlaczego." (p. 9)

Pisarze tacy jak Lacan (2001) sugerowali, że podobnie jak ich ciała, pragnienia dzieci nie są w pełni ukształtowane: są po prostu zbiorem bezkierunkowych impulsów, których nie można wyrazić za pomocą języka. Podobnie, dziecięce pragnienia Kochana wyrażone są poprzez pogmatwane zdania i dziwne, pozornie niepowiązane wspomnienia. W rzeczywistości cała powieść składa się z zapamiętanych impulsów i bezkształtnych pragnień, które są opisane za pomocą niekonwencjonalnego stylu pisania, który odzwierciedla naturę tych uczuć jako czegoś, co nie mieści się w granicach społecznych konwencji.

Śmierć i seksualność

Kochan nie postrzega seksualności jako prostej sprawy, którą można sprowadzić do czegoś tak prostego jak reprodukcja czy przyjemność: dla niego jest to coś znacznie bardziej złożonego. Seks jest ściśle związany ze śmiercią, szczególnie poprzez Kochana i jego bierność. W powieści nie ma scen seksu w konwencjonalnym sensie, wręcz przeciwnie, temat seksu pojawia się w niej tylko poprzez wyobrażenia i wyobraźnię bohatera. Ponadto, ponieważ masturbacja inspirowana wyobrażeniami jest jedynym aktem seksualnym, który jest wykonywany w powieści, element reprodukcyjny seksu jest całkowicie nieobecny.

Zamiast tego seks jest w umyśle Kochana nieodłącznie związany ze śmiercią:

> *"Tam, w moim teatrze mordu, młodzi rzymscy gladiatorzy ofiarowali swoje życie dla mojej rozrywki; a wszystkie śmierci, które się tam odbywały, nie tylko musiały przelewać się krwią, ale także musiały być wykonywane z całym należnym ceremoniałem. Rozkoszowałem się wszelkimi formami kary śmierci i wszelkimi narzędziami egzekucji."* (str. 92-93)

Cytat ten uświadamia, że spektakl i teatralność są również kluczowymi elementami tej chorobliwej seksualności, czy też seksualizacji śmierci. Fantazje, do których masturbuje się Kochan, są niezwykle złożone: często odwołują się do klasyki, są długimi, barokowymi sekwencjami, w których nieuchronna lub natychmiastowa gratyfikacja jest mniej ważna niż budowanie wyimaginowanego raju i rozmyślanie nad wpływem przyjemności na ciało.

Ten ścisły związek między życiem a rozkładem, czy też między seksualnością a śmiercią, nie jest koncepcją nową. Freud omawia ją w kategoriach dwóch przeciwstawnych impulsów znanych jako instynkty życia i instynkty śmierci i twierdzi, że nasze instynkty życia przyjmują formę szeregu podświadomych popędów (jedzenia, tworzenia, rozmnażania się itd.), które ostatecznie zapewniają, że przetrwanie jest naszym głównym priorytetem. Jednakże doświadczamy również instynktów śmierci, które przyjmują formę pewnego pragnienia powrotu do stanu nieożywionego. Prace Mishimy są echem prac Freuda, podkreślając, że te dwa impulsy są ze sobą nierozerwalnie związane.

Najbardziej oczywistym przykładem tego związku między seksem a śmiercią jest obraz *św. Sebastian*. Mishima wnikliwie i sugestywnie opisuje sposób, w jaki obraz wykazuje pewną pogańską estetykę, mimo że przedstawia katolickiego świętego: jego podmiot wydaje się spokojny, wydaje się całkowicie zadowolony ze swojego losu, mimo licznych strzał zagłębiających się w jego ciele (oczywiście, strzały można interpretować jako symbole falliczne). Obraz jest zbyt niejednoznaczny, by widz mógł być pewien, czy święty jęczy z bólu, czy z rozkoszy, a Mishima w pełni wykorzystuje ten dualizm, używając go do odzwierciedlenia sposobu, w jaki Kochan nieustannie znajduje się rozdarty między tymi dwoma skrajnościami.

DALSZA REFLEKSJA

KILKA PYTAŃ DO PRZEMYŚLENIA...

- Opisz osobowość Kochana. W jakim stopniu jesteś w stanie się z nim empatyzować?

- Twoim zdaniem, które aspekty współczesnego społeczeństwa (picie, palenie, internet, telewizja, itp.) mogą być związane z relacją między seksem a śmiercią, eksplorowaną w tej powieści?

- Na jakie choroby cierpi Kochan i jak wpływają one na jego osobisty światopogląd?

- Jaką rolę w powieści odgrywa teatr?

- Jaką rolę odgrywa wojna w powieści?

- Jak myślisz, co dzieje się w teraźniejszości Kochana, gdy prowadzi on narrację w powieści?

DALSZE CZYTANIE

WYDANIE REFERENCYJNE

Mishima, Y. (2007) *Wyznania maski*. Tłum. Weatherby, M. London: Peter Owen.

BADANIA REFERENCYJNE

Freud, S. (1990) *Poza zasadą przyjemności*. Tłum. Strachey, J. New York: W. W. Norton.

Lacan, J. (2001) The Mirror Stage as Formative of the Function of the *I*. *Écrits: A Selection*. Tłum. Sheridan, A. Abingdon: Routledge, pp. 1-8.

Nathan, J. (2000) *Mishima: A Biography*. Boston: Da Capo Press.

Yourcenar, M. (2001) *Mishima: A Vision of the Void*. Tłum. Manguel, A. Chicago: University of Chicago Press.

ŹRÓDŁA IKONOGRAFICZNE

Święty Sebastian autorstwa Guido Reni. © Marie-Lan Nguyen.

Chcemy usłyszeć od Ciebie, co się dzieje!
Zostaw komentarz na temat swojej internetowej biblioteki
i podziel się swoimi ulubionymi książkami w mediach społecznościowych!

Wydawca zapewnia o wiarygodności publikowanych informacji, co jednak nie może wiązać się z jego odpowiedzialnością.

www.50minutes.com

Master ISBN: 9782808694964
Papierowy ISBN: 9782808616362
Depozyt prawny: D/2023/12603/1916

Verhaal: © Primento

Projekt cyfrowy: Primento, cyfrowy partner wydawców.